THIS BOOK BELONGS TO:

COLOR TEST PAGE

World's Okayest Dispatcher

Name That Call

Across

2. Someone stole my Knomes from my backyard

5. This lady has been starving her horses to death

7. This is Fifth Third Bank, there's a guy came in with a gun and made us give him all the money

8. This woman keeps calling me and wants me to date her, I don't even know her

11. I just walked past this lady's apartment and I think she was killed there is blood all over and her door is open.

13. This car is all over the road, I think he is drunk

14. I just saw this weird looking guy grab this girl and put her in his van

Down

1. This house is on fire there are flames coming out of the roof

3. My girlfriend is chasing me with a knife

4. The school and it's going to blow up in 5 minutes!

5. My friend Teresa just punched me in the lip

6. Somebody just hit my car

9. I cannot find my 2 year old son anywhere

10. I just heard a loud crash, and now I can hear someone walking around downstairs

12. This woman that works for us, we just found out she has been taking money out of our account.

Name That Call

Across

2. Someone stole my Knomes from my backyard

5. This lady has been starving her horses to death

7. This is Fifth Third Bank, there's a guy came in with a gun and made us give him all the money

8. This woman keeps calling me and wants me to date her, I don't even know her

11. I just walked past this lady's apartment and I think she was killed there is blood all over and her door is open.

13. This car is all over the road, I think he is drunk

14. I just saw this weird looking guy grab this girl and put her in his van

Down

1. This house is on fire there are flames coming out of the roof

3. My girlfriend is chasing me with a knife

4. The school and it's going to blow up in 5 minutes!

5. My friend Teresa just punched me in the lip

6. Somebody just hit my car

9. I cannot find my 2 year old son anywhere

10. I just heard a loud crash, and now I can hear someone walking around downstairs

12. This woman that works for us, we just found out she has been taking money out of our account.

IIGTNDBSUR
HTE CAPEE

AGDAVEARTG
TSUALSA

TACINORCS

IGRDVNI ERUND
ETH ENLNIEFCU

BLIUCP
ESRUNDSKENN

CIEKRAHJ

LIMPSE
LAUSTSA

DSNILVMAA

EDSNPUDES

TNEOVLI ECRIM

FLWIULL
MOIHECID

AUSMREAHNTLG

1	2	3	4	5	6	7	8	9	10

5	11	11

1	5	Y

9	12	9	10	Y	1	5	Y

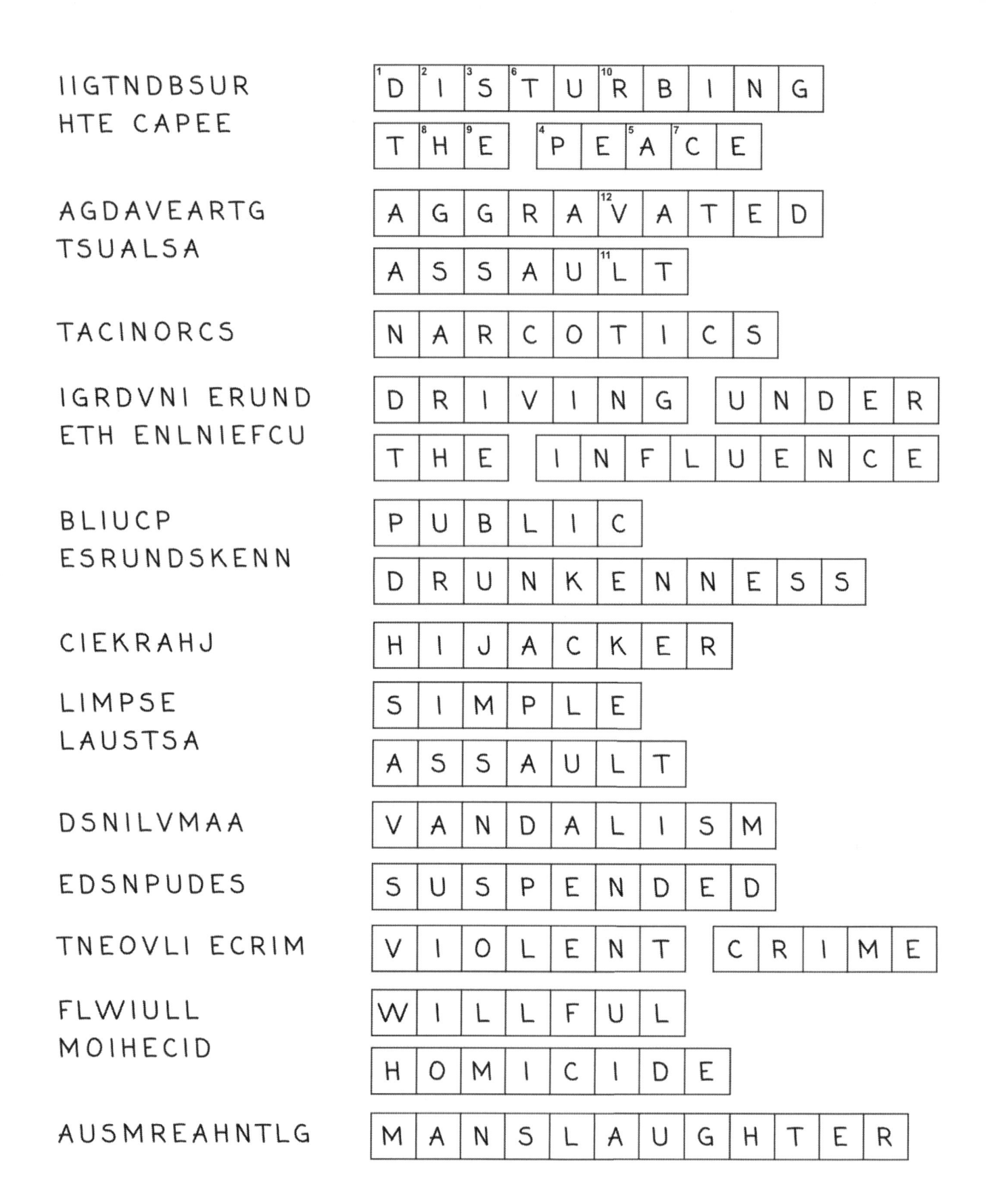

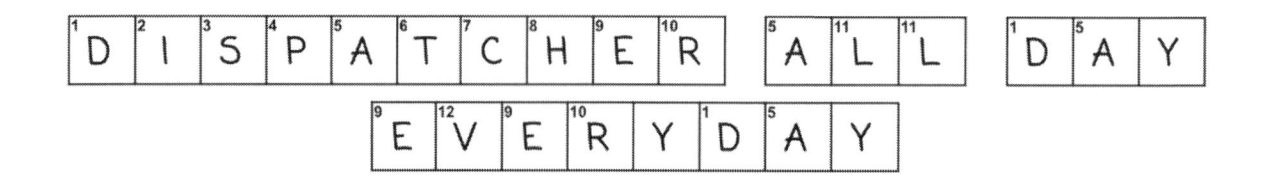

IIGTNDBSUR HTE CAPEE	DISTURBING THE PEACE
AGDAVEARTG TSUALSA	AGGRAVATED ASSAULT
TACINORCS	NARCOTICS
IGRDVNI ERUND ETH ENLNIEFCU	DRIVING UNDER THE INFLUENCE
BLIUCP ESRUNDSKENN	PUBLIC DRUNKENNESS
CIEKRAHJ	HIJACKER
LIMPSE LAUSTSA	SIMPLE ASSAULT
DSNILVMAA	VANDALISM
EDSNPUDES	SUSPENDED
TNEOVLI ECRIM	VIOLENT CRIME
FLWIULL MOIHECID	WILLFUL HOMICIDE
AUSMREAHNTLG	MANSLAUGHTER

DISPATCHER ALL DAY

EVERYDAY

Puzzle 1

	5			7				
		9			6			
		1	9		4			
	8					9	5	3
	2		4			7		
		5						1
	3		6			1		
			5			3		
6		4		2	1		8	

Puzzle 2

5			9	2		4	8	7
	4	2			7	6		1
1					6		3	
			7		2			6
	1	3						
			1	9				4
			7	8		5		
3	7					1		
8	6					7	4	

Puzzle 3

7				8	6		3	
				5				7
	5		7	3				8
							9	
			1		2	7		
		4	5			3		1
8						6	1	
		7		9	8		5	3
	9		3	1				

Puzzle 4

1	2		9			7	6	
		8		1	5		3	
6		5		4				
2	5						1	
				3	8	5		4
			1			3	9	
5	8	1					7	9
4	6	2				1	5	
3	7	9					4	

Solution

2	5	6	8	7	3	4	1	9
3	4	9	2	1	6	8	7	5
8	7	1	9	5	4	6	3	2
4	8	7	1	6	2	9	5	3
1	2	3	4	9	5	7	6	8
9	6	5	7	3	8	2	4	1
5	3	2	6	8	7	1	9	4
7	1	8	5	4	9	3	2	6
6	9	4	3	2	1	5	8	7

5	3	6	9	2	1	4	8	7
9	4	2	3	8	7	6	5	1
1	8	7	5	4	6	9	3	2
4	5	9	7	3	2	8	1	6
7	1	3	8	6	4	2	9	5
6	2	8	1	9	5	3	7	4
2	9	1	4	7	8	5	6	3
3	7	4	6	5	9	1	2	8
8	6	5	2	1	3	7	4	9

7	1	2	9	8	6	5	3	4
3	4	8	2	5	1	9	6	7
6	5	9	7	3	4	1	2	8
5	7	1	8	4	3	2	9	6
9	8	3	1	6	2	7	4	5
2	6	4	5	7	9	3	8	1
8	3	5	4	2	7	6	1	9
1	2	7	6	9	8	4	5	3
4	9	6	3	1	5	8	7	2

1	2	4	9	8	3	7	6	5
7	9	8	6	1	5	4	3	2
6	3	5	2	4	7	9	8	1
2	5	3	4	9	6	8	1	7
9	1	6	7	3	8	5	2	4
8	4	7	1	5	2	3	9	6
5	8	1	3	6	4	2	7	9
4	6	2	8	7	9	1	5	3
3	7	9	5	2	1	6	4	8

```
B N L S L Z B N S G K J K R K I B D V D T L O L
S N L I D N X B T J W Y C J N X A T F D N X G C
K Q T P D H H O R E C K L E S S D R I V E R A X
M T B F U B T V U T P H M V Q T X X I Q F O L K
T Y Q P Z H V B C D U Y Z T F G H M M H B V Y H
X R A W R P B Q T A L Z Z C N X C A K F P F U O
T O J W L Y K K U N K P S W E M Y C F S F W H M
J B U H F Z A P R W A F Y Q A V F C J V P I G I
A B O M B T H R E A T W N O Y J T I S C X U A C
P E P I J J Q R F N E B G R K X I D B O V D T I
R R J U T G Y F I A S S A U L T X E M B S K B D
V Y R T S A C Q R R H P G M L M P N L M M B K E
U O G E S E G U E Q A T K O L D O T J I V M J Z
Q V U R J U U O V T R D V F S K I Z L S T F T L
B U R G L A R Y G F A Y T B E X A K K S I E I E
N W R D J J L G A Y S U N C Y Y U K O I S V J T
Q Z X U N S N S R U S F M G S W O D Y N I T U R
N D M P U R T Z A U M I F L A T C N Q G P P Q B
H K F R A U D Q H X E N S T E A I K N P V O C N
L Y V G X P G S V D N G R H A G S M Z E N S V P
L S K B Q R O M T U T M D E E X E P Z T R Y D H O
R S E B X I S D Y Z B W F F K Y C Y I S T S Q S
W Q P Q R J G L F F H R G T I A C P O K N X V
D U H K I D N A P P I N G P R K L G N E K I X
```

Harassment   Bomb Threat   Theft
Missing Person   Fraud   Reckless Driver
Accident   Homicide   Robbery
Assault   Kidnapping   Structure Fire
Burglary

Harassment
Missing Person
Accident
Assault
Burglary

Bomb Threat
Fraud
Homicide
Kidnapping

Theft
Reckless Driver
Robbery
Structure Fire

Crime Terms

Across

2. The unlawful entry of a structure to commit a felony or theft.

5. An offense punishable by a fine or other penalty, but not by incarceration

7. Willful or malicious destruction, injury, or disfigurement of any public or private property

9. Signing the name of another person without authority

11. An unlawful attack by one person upon the person of another for the purpose of inflicting severe or aggravated bodily injury

Down

1. Any malicious or attempt to burn, with or without intent to defraud, a dwelling house, public building, or personal property of another

3. Crime Extortion, racketeering, gambling, prostitution, drug dealing, family business and contracting

4. Crime Defined by UCR as willful homicide, forcible rape, robbery, and aggravated assault

6. Misappropriation of funds

8. A crime which is punishable with death or by imprisonment in the state prison

10. Deceitfully obtaining money or property by false pretenses

Crime Terms

Across

2. The unlawful entry of a structure to commit a felony or theft.

5. An offense punishable by a fine or other penalty, but not by incarceration

7. Willful or malicious destruction, injury, or disfigurement of any public or private property

9. Signing the name of another person without authority

11. An unlawful attack by one person upon the person of another for the purpose of inflicting severe or aggravated bodily injury

Down

1. Any malicious or attempt to burn, with or without intent to defraud, a dwelling house, public building, or personal property of another

3. Crime Extortion, racketeering, gambling, prostitution, drug dealing, family business and contracting

4. Crime Defined by UCR as willful homicide, forcible rape, robbery, and aggravated assault

6. Misappropriation of funds

8. A crime which is punishable with death or by imprisonment in the state prison

10. Deceitfully obtaining money or property by false pretenses

MAIIOSULC GNRNBIU

ECMIR XEIDN

FYLNEO URREMD

ROMNNITIEMSP

AUUFLWNL YTNER

NYACELR TTEFH

YDOB JUYRNI

GLEINEGNT

NMOASEMREID

EZIRGDONA ERCMI

LANYGPI HITW A GUN

TPNNIAIOLUMA

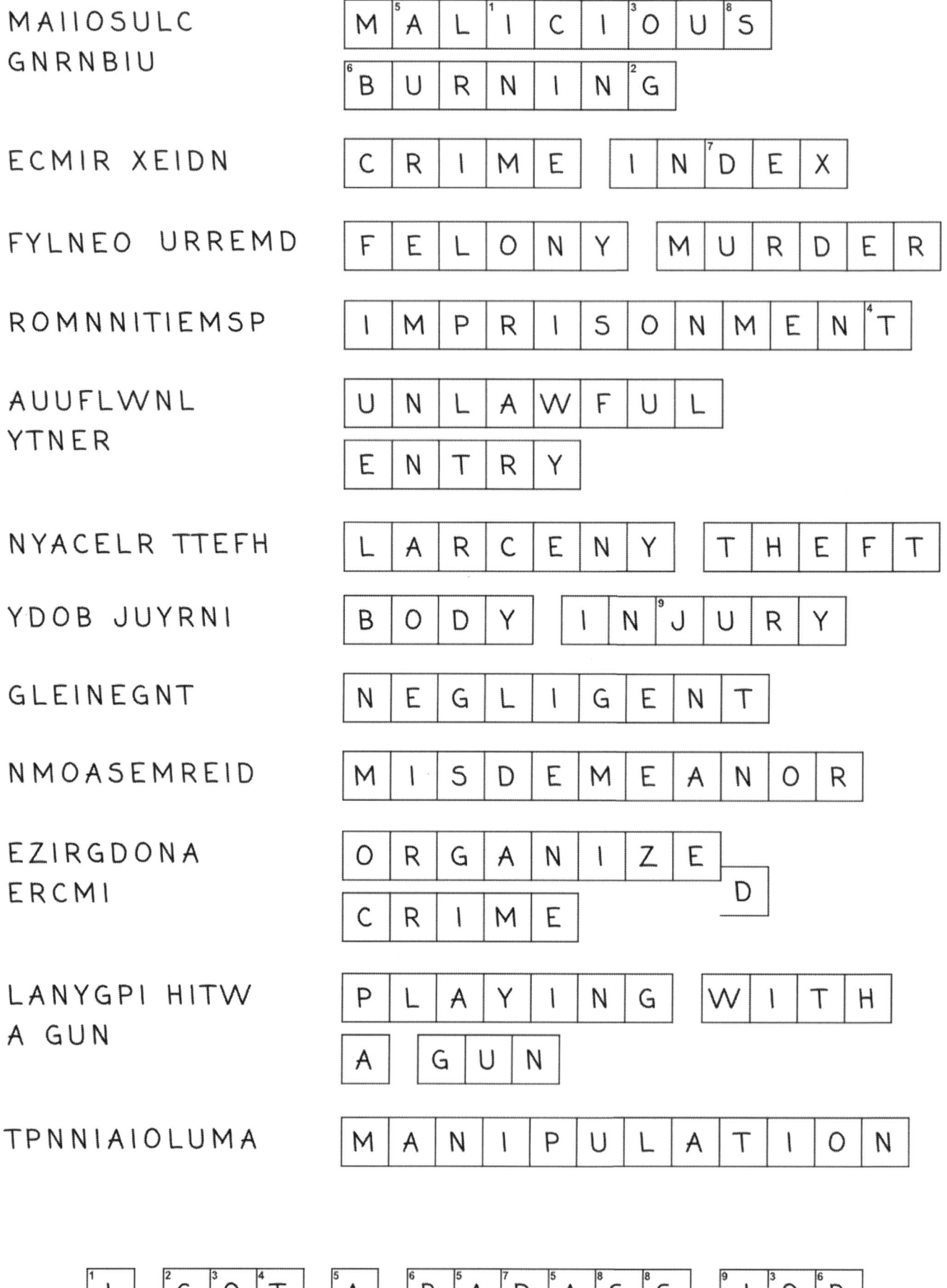

Puzzle 1

2	3			6	8		4	5
		1	4	5	3		2	9
3		4	7			9	5	2
1		8	5	4		6	7	
	7							
8	9				7	5	6	
7	5		8	3		2	9	
4					5	8		7

Puzzle 2

				1		4		
	2					3		
1				6		5		
	1		9	8	6			
6	9	5						7
	8	2	5		1			4
4					7	8		3
	5						7	9
		7	4		5			6

Puzzle 3

				6	8	2		
	3	8		7	1			
			3		5			
	5	7		2	6	3		8
8					7		6	
4				8				
				1				6
7	4	1				8	2	
2	9			3	4			7

Puzzle 4

			4	2	5			
			3	6				
	8				7			
	3					6	8	2
		2						3
	7		2			5	4	
4						8		5
	6	3		8				7
7	2				1	3		6

Solution

2	3	7	9	6	8	1	4	5
9	4	5	1	7	2	3	8	6
6	8	1	4	5	3	7	2	9
3	6	4	7	8	1	9	5	2
1	2	8	5	4	9	6	7	3
5	7	9	3	2	6	4	1	8
8	9	3	2	1	7	5	6	4
7	5	6	8	3	4	2	9	1
4	1	2	6	9	5	8	3	7

5	7	3	1	2	4	9	6	8
9	2	6	8	5	3	7	4	1
1	4	8	7	6	9	5	3	2
7	1	4	9	8	6	3	2	5
6	9	5	3	4	2	1	8	7
3	8	2	5	7	1	6	9	4
4	6	9	2	1	7	8	5	3
2	5	1	6	3	8	4	7	9
8	3	7	4	9	5	2	1	6

1	7	4	9	6	8	2	3	5
5	3	8	2	7	1	6	9	4
6	2	9	3	4	5	7	8	1
9	5	7	4	2	6	3	1	8
8	1	3	5	9	7	4	6	2
4	6	2	1	8	3	5	7	9
3	8	5	7	1	2	9	4	6
7	4	1	6	5	9	8	2	3
2	9	6	8	3	4	1	5	7

9	1	6	4	2	5	7	3	8
2	4	7	3	6	8	1	5	9
3	8	5	1	9	7	2	6	4
1	3	4	7	5	9	6	8	2
6	5	2	8	1	4	9	7	3
8	7	9	2	3	6	5	4	1
4	9	1	6	7	3	8	2	5
5	6	3	9	8	2	4	1	7
7	2	8	5	4	1	3	9	6

ALL MEN CREATED EQUAL, THEN A FEW BECOME DISPATCHERS

I HAVE THE BEST JOB IN THE WORLD

```
M H N D H U I J Q X T R A F F I C H A Z A R D
R E Z H U C Q W A D K H M Q R G I M N N E J G
E W R W W T I G C C N E H I J L U I L H M A Q
A A A U T J Y J Z V I N T O X I C A T E D J S
S Q V B L B N W P I Z U K A T C V B P G T G D
O J K D P C K R E K N T G A X L B B Q P H H M
T Q R M M G H D N X G F K U D J R F T O Q N T
U F I W E R N N A V A P P R E H E N D K E D F
C M J K B N F N L B N W K J R U N A W A Y B V
X N F F X G M I C L T G P L Z W U W S L S U G
X W K S T V B O O R T Y A G W E V S X J R J C
F E I V S N K D D M Q W R L V B I U C M D H W
A A C Q E F C K E P V S O E S Q A S V S C S V
K P L O O K O U T R B O L S K S P E L C C X
O O D A U R C Q X E R E E T A D V I F M C I O
I N B C T D O Y T Q K H J A B Q P C U Z X N S
H E K C S S U B J E C T Z N A W W I D W I Z O
N B A I J Q S L E A Y P U D N A N O U P P A H
R S Q D P Y C U S T O D Y B D H W U F D D C K
H D A E U M P X H S Y Z N Y O T W S W P F L F
J F T N M B B K T E U R K V N I C N V Z R W K
M F T T Z V H B S N Y N F S E P S C Y K P M D
Q S I P W S M H C K O M K K D K I B Q M V E W
```

Abandoned
Accident
Penal Code
Runaway
Standby
Custody
Weapon
Traffic Hazard
Suspicious
Apprehend
Parole
Lookout
Subject
Intoxicated

Abandoned
Accident
Penal Code
Runaway
Standby
Custody
Weapon
Traffic Hazard
Suspicious
Apprehend
Parole
Lookout
Subject
Intoxicated

YOUR WORST DAY IS MY EVERYDAY

I'm a dispatcher nothing scares me

Across

4. A principle which protects ETC from liability

7. Defined as a suspicious occurrence that would cause one to believe one or more persons is outside a residence

9. Refers to the messages sent or received via TLETS/NLETS.

10. Contacting outside agencies for additional assistance

12. The elements of this kind of law are breach of duty, injury, damage, and proximal cause

Down

1. Non-specific response of the body to any demand

2. Call received by dispatch for patrol units to respond

3. When someone calls a location and tells a person that there is a bomb and it will explode

5. Procedure which has been highly defined and placed into a reference system

6. State form that citizens may fill out instead of obtaining a police report on an accident

8. This refers to the wireless audio box for the mobile video system.

11. Placing responding resources near the scene until

Across

4. A principle which protects ETC from liability

7. Defined as a suspicious occurrence that would cause one to believe one or more persons is outside a residence

9. Refers to the messages sent or received via TLETS/NLETS.

10. Contacting outside agencies for additional assistance

12. The elements of this kind of law are breach of duty, injury, damage, and proximal cause

Down

1. Non-specific response of the body to any demand

2. Call received by dispatch for patrol units to respond

3. When someone calls a location and tells a person that there is a bomb and it will explode

5. Procedure which has been highly defined and placed into a reference system

6. State form that citizens may fill out instead of obtaining a police report on an accident

8. This refers to the wireless audio box for the mobile video system.

11. Placing responding resources near the scene until

YOUR LIFE IS WORTH MY TIME

IONRM CAHSR

LLCOA LAMAR

BEOYRBR UTSCSEP

RRINOSPE RDEATRES

CIRIONOTMAFN

VREO DOSE ENPTITA

PLCIBU YATFSE

LNOGRLI LETNSO

SOTSH IDFRE

LCIIV TAEUSNIDCRB

SEEDDECA OEPRNS

PTLRAO RCFOFEI

Scrambled	Unscrambled
IONRM CAHSR	MINOR CRASH
LLCOA LAMAR	LOCAL ALARM
BEOYRBR	ROBBERY
UTSCSEP	SUSPECT
RRINOSPE	PRISONER
RDEATRES	ARRESTED
CIRIONOTMAFN	CONFIRMATION
VREO DOSE	OVER DOSE
ENPTITA	PATIENT
PLCIBU YATFSE	PUBLIC SAFETY
LNOGRLI	ROLLING
LETNSO	STOLEN
SOTSH IDFRE	SHOTS FIRED
LCIIV TAEUSNIDCRB	CIVIL DISTURBANCE
SEEDDECA OEPRNS	DECEASED PERSON
PTLRAO RCFOFEI	PATROL OFFICER

TRUST ME I AM A DISPATCHER

911 is my work number

Sudoku 1

							7	
	8	4	1					6
		6				4		2
	2	7	8					9
1			4		2			
			7			2	6	
6	1				7			
				1	9	6		
7		9	2		6	1	5	8

Sudoku 2

	2	7		3				
6		5	1	2	8			9
		3	7		5		8	6
7	8		5					
1		2				8		5
5	3	4	6		1			7
			2				7	8
2		8			9		5	
3	5	1					9	

Sudoku 3

8				5				6
			1				7	3
		5	2	6				
1			4					
		2		8	7			
	8	6				7	5	
					1			
	4	1					8	5
		3	8		5	6		4

Sudoku 4

6	7			9	4	2		
3	2			6	1			9
5	1		2	8	7			
4					9	3	5	8
1	8		4	5	6			
9			8		2	1	4	6
				2	3		6	7
7	3	6				5		1
2			6	7				3

Solution

9	5	1	6	2	4	8	7	3
2	8	4	1	7	3	5	9	6
3	7	6	9	5	8	4	1	2
5	2	7	8	6	1	3	4	9
1	6	3	4	9	2	7	8	5
4	9	8	7	3	5	2	6	1
6	1	2	5	8	7	9	3	4
8	4	5	3	1	9	6	2	7
7	3	9	2	4	6	1	5	8

8	2	7	9	3	6	5	4	1
6	4	5	1	2	8	7	3	9
9	1	3	7	4	5	2	8	6
7	8	6	5	9	2	3	1	4
1	9	2	3	7	4	8	6	5
5	3	4	6	8	1	9	2	7
4	6	9	2	5	3	1	7	8
2	7	8	4	1	9	6	5	3
3	5	1	8	6	7	4	9	2

8	1	9	7	5	3	2	4	6
6	2	4	1	9	8	5	7	3
3	7	5	2	6	4	1	9	8
1	5	7	4	2	6	8	3	9
9	3	2	5	8	7	4	6	1
4	8	6	3	1	9	7	5	2
5	6	8	9	4	1	3	2	7
7	4	1	6	3	2	9	8	5
2	9	3	8	7	5	6	1	4

6	7	8	3	9	4	2	1	5
3	2	4	5	6	1	8	7	9
5	1	9	2	8	7	6	3	4
4	6	2	7	1	9	3	5	8
1	8	3	4	5	6	7	9	2
9	5	7	8	3	2	1	4	6
8	4	5	1	2	3	9	6	7
7	3	6	9	4	8	5	2	1
2	9	1	6	7	5	4	8	3

THAT'S WHAT I DO
I DISPATCH AND
I KNOW THINGS

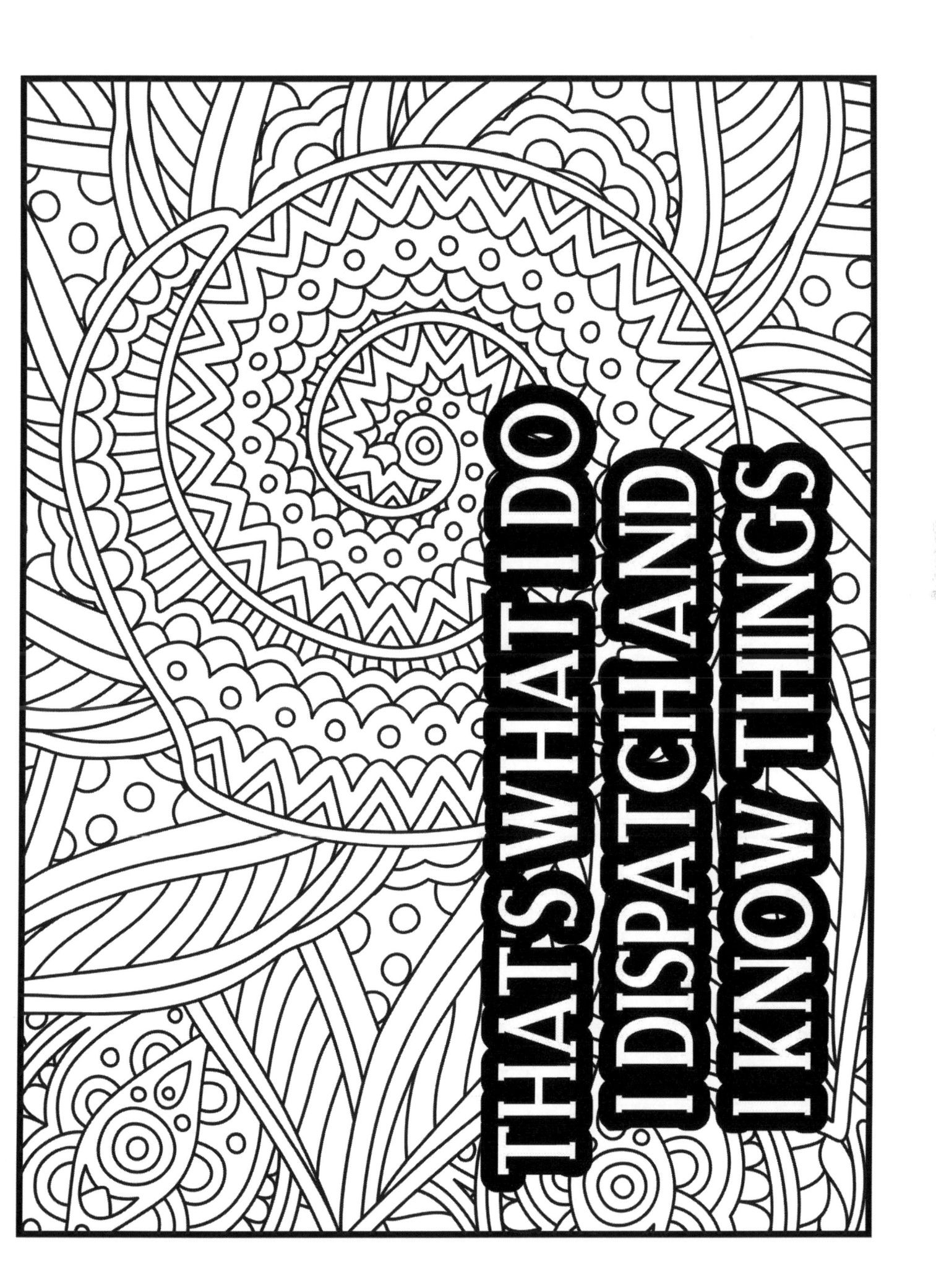

```
B H M P K M O P V L F U X N E P R O Q Q K M B G S
S Y Y D Z L Z Q P E E Y U T K V W Z C S X T O G K
T H O V V Q Q R O S V I C T I M M N V G E F Y A
D F B N I V O O O C D C G B H C F K J E D N F J L
P R I S O N U K T M U B T M G E N A W A I T I H F
S N J I L J F G E I R D O M U F X X I L T B C Z P
U P Z N A L K C C J J B M G K W C N Z K T S E X D
N I T J T L O J T V T M Q D J T G N E A H O R J E
B H L U I Z R V I W M S W G K G O P G P O S Y E U
F Z O R O N V S O O C R I M I N A L H I S T O R Y
N Y D E N V Q F N Y Y Q S B A I O L P J Y I L U I
D C N D R C Q E O D P X V X Q Y Q J E M S C E R E
F C M K D O Y B R J U Y L M H L S X S V N L U W F
N B U Y B U S T D H T Z D M I U U P C S E E M H Y
Y M J T K V R R E C E V I A S B C K O C H O F A H
K Z P V V M K Y R B W R E C K E R L M C G X J P I
C J F S A F E T Y W P I X V X P W T P J W K N B J
D A W S D P O Y Z Y M T V L K F E R L Y C V C X A
G V Z A Z C R U D X X Y G E I G N B A X S J Z G C
Z Y W Z W K D J Z X P X M Z L M F X I U G K S K K
V Y U G B A N N E C S Y F W I G O N N F X R Q R E
M R Y S T X P U F G D I K Y N L R W A A J J D K R
A E J A J H I Q J R W S P L U M C A N L I H L G L
O E B U T D S U S P E N D E D Z E V T X J O Y D N
C F O Y Y N A R X W N U L X M O R Z J I A X A V Q
```

Criminal History
Safety
Officer
Protection Order
Prison

Violation
Suspended
Victim
Complainant
Injured

Enforcer
Buybust
Wrecker
Hijacker

Word Search

```
B H M P K M O P V L F U X N E P R O Q Q K M B G S
S Y Y D Z L Z Q P E E Y U T K V W Z C S X T O G K
T H O V V Q Q R O S V I C T I M M N V G E F Y A
D F B N I V O O O C D C G B H C F K J E D N F J L
P R I S O N U K T M U B T M G E N A W A I T I H F
S N J I L J F G E I R D O M U F X X I L T B C Z P
U P Z N A L K C C J J B M G K W C N Z K T S E X D
N I T J T L O J T V T M Q D J T G N E A H O R J E
B H L U I Z R V I W M S W G K G O P G P O S Y E U
F Z O R O N V S O O C R I M I N A L H I S T O R Y
N Y D E N V Q F N Y Y Q S B A I O L P J Y I L U I
D C N D R C Q E O D P X V X Q Y Q J E M S C E R E
F C M K D O Y B R J U Y L M H L S X S V N L U W F
N B U Y B U S T D H T Z D M I U U P C S E E M H Y
Y M J T K V R R E C E V I A S B C K O C H O F A H
K Z P V M K Y R B W R E C K E R L M C G X J P L I
C J F S A F E T Y W P I X V X P W T P J W K N B J
D A W S D P O Y Z Y M T V L K F E R L Y C V C X A
G V Z A Z C R U D X X Y G E I G N B A X S J Z G C
Z Y W Z W K D J Z X P X M Z L M F X I U G K S K K
V Y U G B A N N E C S Y F W I G O N N F X R Q R E
M R Y S T X P U F G D I K Y N L R W A A J J D K R
A E J A J H I Q J R W S P L U M C A N L I H L G L
O E B U T D S U S P E N D E D Z E V T X J O Y D N
C F O Y Y N A R X W N U L X M O R Z J I A X A V Q
```

Criminal History   Violation   Enforcer
Safety   Suspended   Buybust
Officer   Victim   Wrecker
Protection Order   Complainant Hijacker
Prison   Injured

Proud to be a Dispatcher